# NOTES
## SUR L'ORGANISATION
# DE LA RÉPUBLIQUE

## LE SOCIALISME
## LES GROS BUDGETS

DEUXIÈME ÉDITION

PARIS
IMPRIMERIE CENTRALE DES CHEMINS DE FER
A. CHAIX ET C<sup>ie</sup>
RUE BERGÈRE, 20, PRÈS DU BOULEVARD MONTMARTRE
1880

# NOTES

## SUR L'ORGANISATION

# DE LA RÉPUBLIQUE

## LE SOCIALISME
## LES GROS BUDGETS

DEUXIÈME ÉDITION

PARIS
MPRIMERIE CENTRALE DES CHEMINS DE FE
**A. CHAIX ET C<sup>ie</sup>**
RUE BERGÈRE, 20, PRÈS DU BOULEVARD MONTMARTRE
1880

# SOMMAIRE

|  | Pages. |
|---|---|
| Avant-propos (janvier 1871-mai 1880) | 3 |

**PREMIÈRE PARTIE. — *La question sociale.***

| I. — État de la question | 5 |
|---|---|
| II. — Principes élémentaires | 5 |
| III. — Le salariat | 6 |
| IV. — Les grèves et les coalitions | 6 |
| V. — Le socialisme autoritaire | 7 |
| VI. — Le socialisme religieux et féodal | 9 |
| VII. — Associations ouvrières | 10 |
| VIII. — Banques populaires | 11 |
| IX. — Association du capital et du travail | 13 |

**DEUXIÈME PARTIE. — *Les finances de l'État.***

| I. — Théorie de l'impôt | 15 |
|---|---|
| II. — Impôts actuels | 16 |
| III. — Projets de réformes | 18 |
| IV. — Des attributions de l'État | 23 |
| V. — Budget des dépenses | 25 |
| VI. — Budget des recettes | 27 |

| Résumé | 29 |
|---|---|
| Post-scriptum (mai 1880) | 30 |

# AVANT-PROPOS

### 1<sup>re</sup> ÉDITION

*(Janvier 1871)*

―

La France se relèvera bientôt de ses ruines, si, entrant résolument dans les voies du progrès, elle sait maintenir les institutions républicaines. Une restauration monarchique nous jetterait infailliblement, à bref délai, dans de nouvelles aventures.

Mais les campagnes sont hostiles à la République, et, de leur côté, les populations des villes, se livrant à des agitations stériles, vont effrayer la bourgeoisie.

Déjà nous voyons recommencer la triste comédie de 1848. Les écrivains monarchistes étalent avec complaisance les folles exagérations de quelques sectaires, et bientôt nous verrons les conservateurs affolés demander un nouveau maître.

Pour agir sur les campagnes il faut s'adresser à leurs intérêts matériels, réduire les charges qui pèsent sur la propriété foncière, supprimer l'impôt du sang.

L'intervention de l'État dans la question sociale aurait des conséquences fatales. Tout ce qu'on peut faire pour les travailleurs, c'est de leur assurer une liberté absolue et d'abolir les impôts de consommation qui leur sont le plus odieux.

En 1848, l'impôt des 45 centimes et les ateliers nationaux ont tué la République. Retomberons-nous dans les mêmes fautes ?

2ᵉ ÉDITION

*(Mai 1880)*

En dix ans, la situation n'a guère changé.

Le pays a fait preuve d'une vitalité extraordinaire. Mais nos législateurs n'ont rien fait pour écarter les dangers qui menacent la République.

Les socialistes s'agitent aujourd'hui comme avant la Commune. Loin de diminuer, les impôts ont augmenté dans des proportions effrayantes. Sur ces deux points, nos observations, vieilles de dix ans, ont conservé toute leur actualité.

# PREMIÈRE PARTIE

## LA QUESTION SOCIALE

### I. — État de la question.

*(1871)*

*Crise imminente.* — Les nombreuses grèves qui se sont succédé dans ces dernières années sont des symptômes évidents du malaise qui travaille sourdement les classes laborieuses.

Aujourd'hui, les préoccupations patriotiques ont momentanément absorbé l'attention des ouvriers. Mais il ne faut pas se faire d'illusions. Après la guerre, à la crise industrielle et commerciale se joindra une crise sociale terrible.

*Aspirations actuelles des classes laborieuses.* — Si l'on en jugeait par les discours et les écrits de leurs délégués, les ouvriers en seraient encore aux vieilles théories socialistes.

Mais nous ne croyons pas que ces idées soient partagées par la masse des travailleurs. Dans les grèves de Ricamarie, de Saint-Aubin et du Creuzot, aucune aspiration communiste ne s'est fait jour. Les ouvriers croient qu'ils n'obtiennent pas une juste rémunération de leur travail : voilà, en définitive, leur grief principal.

### II. — Principes élémentaires.

*Le capital et le travail.* — La grande querelle entre le capital et le travail n'est au fond qu'une querelle de mots.

L'intelligence, la force matérielle, l'habileté que l'ouvrier apporte dans une industrie constituent un véritable capital. Il y a association entre ce capital et celui que l'entrepreneur fournit sous forme d'instruments.

*Répartition des produits.* — Sous un régime de liberté, la répartition des produits s'opère naturellement dans des proportions équitables. Lorsqu'un entrepreneur se réserve une part trop forte, ses ouvriers l'abandonnent ; et réciproquement, lorsque ses ouvriers deviennent trop exigeants, il s'en procure d'autres. Les abus, sous ce rapport, ne peuvent être ni sérieux ni durables.

*Le vrai problème.* — C'est donc seulement en produisant davantage que les ouvriers amélioreront leur situation.

Régler les rapports entre le capital-travail et le capital-instruments de manière à obtenir la plus grande somme de produits possible, tel est le véritable problème de la science sociale.

### III. — Le salariat.

*Définition.* — Généralement l'ouvrier reçoit, pour la rémunération de chaque journée de travail, une somme déterminée. Il n'est associé ni aux risques ni aux bénéfices des entreprises.

*Inconvénients du salariat.* — En supprimant l'initiative et la responsabilité individuelle, le salariat est un obsacle au développement de la production.

D'un autre côté, l'ouvrier, qui ne participe en rien à la gestion des entreprises, croit toujours être lésé par son patron : de là une cause d'antagonisme constant.

*Opinion des économistes.* — Les économistes préconisent cependant le salariat comme le mode le plus parfait de rémunération du travail.

Que, dans beaucoup de circonstances, il n'y ait pas d'autre système praticable, nous sommes portés à le croire. Mais il est étrange de voir les soi-disant partisans de la liberté illimitée condamner d'avance avec passion toute espèce d'essais.

### IV. — Les grèves et les coalitions.

*Les unions ouvrières, l'*INTERNATIONALE. — Lorsqu'ils ne peuvent s'entendre avec leurs patrons, les ouvriers se coalisent et se mettent en grève.

Il s'est formé, en Angleterre, aux États-Unis surtout, de vastes unions ouvrières qui alimentent et dirigent les coalitions. On compte, dans ces deux pays, deux millions d'unionistes avec un fonds de réserve de 400 millions et un revenu de 100 millions.

En France, l'*Internationale* aura bientôt aussi acquis un développement formidable.

Il faut donc s'attendre à voir périodiquement éclater des grèves qui porteront le trouble dans le monde industriel.

*Légitimité des grèves.* — Sous l'ancien régime, les règlements protégeaient les entrepreneurs au détriment des ouvriers, qui ne pouvaient s'entendre entre eux sans entrer en révolte contre la loi. En se plaçant au point de vue de la liberté, on ne peut aujourd'hui contester la légitimité des grèves et des coalitions.

*Inefficacité des grèves.* — Mais leur efficacité paraît très problématique. Aux coalitions d'ouvriers on oppose des coalitions de patrons.

Si les patrons l'emportent, on s'est imposé, en pure perte, de grands sacrifices.

Si les ouvriers obtiennent une augmentation de salaire, le renchérissement de la main-d'œuvre amène un renchérissement des produits. La hausse s'étendant successivement à toutes les industries, l'augmentation des salaires est compensée par la cherté des objets de consommation.

## V. — Le socialisme autoritaire.

*Engouement des ouvriers.* — Comprenant qu'ils ne peuvent rien attendre des grèves et des coalitions, beaucoup d'ouvriers se rejettent vers le socialisme.

C'est ainsi que, dans les dernières élections de Paris, nous avons vu, aux vieux champions de la démocratie, préférer de nouveaux venus à qui il a suffi de se dire socialistes pour devenir populaires.

*Les diverses écoles.* — Pour reconnaître combien cet engouement est peu justifié, nous passerons sommairement en revue les diverses écoles socialistes aujourd'hui en vogue.

Les associations ouvrières, les banques populaires, l'association du capital et du travail, s'organisant librement, en dehors de toute intervention de l'État, ne sont point, à proprement parler, des systèmes socialistes. Nous reviendrons plus loin sur ces diverses questions.

*Les collectivistes.* — Le collectivisme est, sous une dénomination nouvelle, la résurrection des théories communistes de Platon, Saint-Simon, Fourier, Cabet, etc.

C'est le système de M. Millière et de la plupart des orateurs en vogue des clubs.

L'État s'empare de tout et devient entrepreneur général. Il répartit les produits entre les membres de la communauté ar portions égales ou suivant les besoins de chacun ; sur ce dernier point, les formules varient.

Le communisme n'a été appliqué sur une grande échelle qu'à Sparte ou au Paraguay.

A Sparte, une aristocratie égalitaire gouvernant un peuple d'ilotes ; au Paraguay, les jésuites convertissant un peuple d'hommes libres en un troupeau d'esclaves : il n'y a rien là de bien séduisant pour les travailleurs.

Le vice capital de tous les systèmes communistes, c'est d'amoindrir la responsabilité individuelle. Sans aller chercher bien loin des exemples, l'ineptie de notre administration ne nous donne-t-elle pas une juste idée des résultats à attendre d'une transformation qui mettrait toutes les industries aux mains de l'État ?

*Les individualistes.* — L'individualisme respecte la liberté et la responsabilité de l'individu.

Dans ce système, la société fournit gratuitement les instruments de travail. L'homme dispose librement de ses produits.

Nous ne voyons pas comment la société peut distribuer des instruments de travail sans les avoir enlevés à ceux qui les possèdent, et nous craignons bien qu'au fond il n'y ait pas de différence appréciable entre l'individualisme et le collectivisme.

*Les mutuellistes.* — Les mutellistes suppriment le loyer du capital en organisant le crédit gratuit. C'est le système de Proudhon.

Après avoir fait une guerre acharnée aux autres écoles

socialistes, Proudhon a essayé l'application de son système. Heureusement pour lui, une apparence de persécution lui a permis de faire une retraite honorable.

Aujourd'hui ses projets sont repris par ses disciples, qui, oubliant les principes du maître, font intervenir l'État dans l'organisation du crédit.

L'État, se substituant à la Banque de France, émettrait des billets au porteur, et ferait l'escompte moyennant une légère redevance représentant seulement les frais d'administration et les risques de pertes.

L'erreur des mutuellistes est de croire qu'on puisse émettre une quantité indéfinie de monnaie fiduciaire. Les billets de banque représentent une partie des valeurs que les particuliers conservent improductivement entre leurs mains. Dans l'état actuel des transactions, l'émission ne peut guère dépasser deux milliards. L'État, en se substituant à la Banque, pourrait faire profiter l'industrie du loyer de cette somme. Mais le bénéfice dont profitent aujourd'hui les actionnaires de la Banque ne serait-il pas bientôt englouti par de mauvais placements? L'administration, qui remplit si mal les modestes fonctions que la société lui assigne aujourd'hui, remplirait-elle mieux les fonctions si complexes et si délicates de banquier général?

Le montant total des capitaux dépasse, en France, cent cinquante milliards. A côté d'un pareil chiffre, quelle pourrait être l'influence d'un prêt gratuit de deux milliards?

D'ailleurs, à mesure que les institutions de crédit se perfectionnent, les opérations d'échange tendent de plus en plus à s'effectuer au moyen de compensations faites par les banquiers. Le rôle de la monnaie fiduciaire, comme celui de la monnaie métallique, tendant à perdre de plus en plus de son importance, que devient l'échafaudage des mutuellistes?

## VI. — Le socialisme religieux et féodal.

*Les institutions charitables.* — L'expérience démontre qu'en diminuant la responsabilité individuelle, la bienfaisance a pour effet d'accroître dans l'avenir les maux qu'elle a la prétention de soulager. Les institutions charitables ne peuvent donc être que des palliatifs impuissants.

Le christianisme a toujours vu dans le renoncement la solution de la question sociale. « User de la richesse dans une mesure harmonieuse... » Telle est la théorie professée à Notre-Dame par le père Félix. On croirait lire un chapitre des œuvres de Fourier.

*Le système de M. Le Play.* — Ce que M. Le Play propose, dans son organisation du *travail selon la coutume des ateliers et a loi du décalogue*, c'est, en langage vulgaire, le retour aux institutions féodales. Les ouvriers, dans ce système, deviendraient purement et simplement les serfs des chefs d'industrie.

## VII. — Associations ouvrières.

*Sociétés de coopération.* — En principe, les avantages qu'offrent les associations ouvrières sont incontestables. Le salariat affaiblit le ressort de l'activité individuelle, et l'ouvrier qui n'est pas stimulé par l'intérêt personnel ne fait qu'un emploi incomplet de son temps et de ses facultés.

Si, malgré ces avantages, les associations coopératives ont éprouvé de nombreux échecs, cela tient à diverses causes.

Nous ne nous arrêterons pas aux difficultés provenant de l'inégalité des apports et de l'insuffisance des capitaux. Avec un peu de bon vouloir, on fera au capital une part équitable en tenant compte de tous les risques, et une association formée de bons ouvriers obtiendra facilement du crédit.

Mais, sur quelles bases se fera la répartition des bénéfices entre les associés? Si on sort de l'égalité absolue, on tombe dans de grandes complications; or, dans la société la mieux recrutée, il existe toujours des inégalités très sensibles.

Les associés trouveront-ils facilement parmi eux un gérant offrant les conditions voulues de capacité, de moralité et de dévouement?

A ces causes d'insuccès, viennent s'ajouter les entraves

apportées par la législation à la propagation de saines idées sur les rapports si complexes du capital et du travail.

Un certain nombre de sociétés coopératives ont néanmoins pu prospérer, et, s'il ne faut pas voir, dans le principe de l'association, une panacée universelle, on doit au moins reconnaître qu'il y a là une issue pour les inspirations d'une partie des classes laborieuses.

*Sociétés de consommation.* — Les sociétés de consommation achètent les matières en gros pour les vendre en détail à leurs membres. Leurs opérations sont très simples, et leur organisation présente beaucoup moins de difficultés que celle des sociétés de production.

En supprimant les intermédiaires, elles réalisent des économies considérables au profit de leurs membres. Mais, si elles contribuent à améliorer la situation des classes laborieuses, il faut bien reconnaître qu'elles ne peuvent avoir qu'une influence très indirecte sur les rapports du capital et du travail.

A côté des sociétés de consommation proprement dites, il faut placer les sociétés d'habitation, qui ne sont en réalité que des espèces de caisses d'épargne perfectionnées.

C'est en Angleterre que les sociétés de consommation ont pris le plus grand développement. On y compte 200,000 adhérents, avec un capital de 50 millions. En vendant les objets à 20 0/0 au-dessous des cours, ces sociétés peuvent encore distribuer des dividendes de 10 0/0.

## VIII. — Banques populaires.

*L'Etat et le crédit populaire.* — Des monts-de-piété, prêtant sur gages au taux de 10 à 15 0/0, tel paraît être le dernier mot de l'intervention de l'État en matière de crédit populaire.

C'est dans les institutions libres de l'Écosse et de l'Allemagne qu'il faut aller chercher les vrais principes de l'organisation des banques destinées à venir en aide aux travailleurs.

*Banques d'Ecosse.* — En Écosse, 13 banques avec 615 succursales, en répandant les bienfaits du crédit sur toute la surface du pays, ont exercé une influence considérable sur les conditions matérielles et morales des classes laborieuses. Lorsqu'un ouvrier, un artisan veut obtenir un crédit, il suffit que deux ou trois de ses amis, déjà clients de la banque, se portent garants pour lui.

*Banques d'avances allemandes.* — En Allemagne, les banques d'avances comptent 400,000 associés avec un capital de 50 millions. Le montant des sommes qui leur sont confiées par des capitalistes non associés, atteint 200 millions. Les avances faites annuellement aux travailleurs dépassent 600 millions. L'intérêt est ordinairement de 5 0/0 par an, plus 1/4 0/0 de commission par trimestre. Ce taux est assez élevé; mais il faut observer que les dividendes distribués font rentrer les sociétaires dans la plus grande partie des intérêts qu'ils paient; en 1866, les dividendes ont atteint environ 8 0/0.

*Essais en France.* — En France, l'organisation du crédit populaire est très arriérée. Cela tient à ce que, par suite des entraves apportées au droit de réunion et à la liberté de la presse, les travailleurs n'ont pu suffisamment s'éclairer sur les vrais principes du crédit. C'est ainsi que la Société de *Crédit au travail*, qui avait pris un certain développement, a dû se dissoudre en 1868, parce qu'elle avait commis la faute d'immobiliser ses capitaux en commanditant une entreprise qui n'a pas réussi.

*De la gratuité du crédit.* — On a, de tout temps, beaucoup disserté sur la légitimité de l'intérêt. C'est une discussion oiseuse. Que, par une bonne organisation du crédit, on trouve le moyen de fournir des capitaux à bas prix, et les capitalistes prêteront à un faible intérêt. Toute la question est là.

Parviendra-t-on à réduire notablement le taux actuel de l'intérêt? Pour que le loyer diminue, il faut que la masse des capitaux disponibles augmente en plus forte proportion que la demande : telle est la loi à laquelle aucune réforme ne permettra d'échapper.

Au fond, la question de gratuité du crédit n'a du reste pas l'importance qu'on y attache ; le travailleur lui-même ne livre-t-il pas ses services à crédit, et si tout le monde est à la fois emprunteur et prêteur, si le crédit ouvert à chacun est proportionnel au capital-instruments ou au capital-travail qu'il représente, quel intérêt y a-t-il à réduire indéfiniment le loyer ?

## IX. — Association du travail et du capital.

*Rôle prépondérant du capital dans l'industrie moderne.* — L'industrie tend de plus en plus à se concentrer dans de grands établissements auxquels le perfectionnement de l'outillage et la division du travail assurent des avantages considérables. Loin de diminuer, le rôle du capital paraît appelé à devenir de plus en plus prépondérant.

Les associations ouvrières proprement dites ne peuvent donc être considérées comme une solution complète des redoutables problèmes qui se posent aujourd'hui.

*Essais d'association du capital et du travail.* — Mais ne peut-on arriver à une conciliation des intérêts en associant le capital au travail ?

Un certain nombre d'essais ont été tentés dans cette voie nouvelle, et les résultats obtenus jusqu'ici paraissent très favorables.

En Angleterre, de grandes compagnies houillères admettent les ouvriers à la participation des bénéfices. Stuart Mill a constaté, chez les mineurs associés, des conditions exceptionnelles de bien-être matériel et d'élévation morale. Les propriétaires des mines déclarent, de leur côté, qu'ils ont obtenu un accroissement considérable de bénéfices.

En France, nous trouvons aussi des exemples très nombreux et très variés de l'association du capital et du travail.

*Objections des économistes.* — Y a-t-il, dans ce mouvement qui commence à se dessiner, les éléments d'une solution ?

Les doctrinaires de l'économie politique le nient.

Suivant eux, en dehors du salariat proprement dit, il n'y a qu'utopie. Théoriquement, nous avons dit plus haut combien une telle affirmation est contestable. En pratique, les industriels qui ont admis leurs ouvriers à la participation des bénéfices, sont unanimes pour reconnaître les avantages de ce système, et l'enquête de 1866 a établi que l'ouvrier associé produit 33 0/0 de plus que le salarié.

Les économistes objectent encore que, courant seuls des risques, les capitalistes doivent seuls participer à la direction des entreprises. Y aurait-il de graves inconvénients à ce que les ouvriers, intéressés au succès d'une entreprise, eussent des délégués dans le conseil d'administration ? Dans les grandes compagnies, loin de se plaindre de cette immixtion, les actionnaires n'y trouveraient-ils pas des garanties très sérieuses contre les tripotages ? Sur ce point encore, les faits condamnent d'ailleurs les doctrines surannées de MM. Molinari et consorts. MM. Briggs, propriétaires de grandes mines de houille, n'ont pas craint d'admettre un ouvrier parmi les directeurs de leur compagnie.

Si les ouvriers participent aux bénéfices, n'est-il pas juste qu'ils participent aux pertes ? On répond à cette dernière objection en ne distribuant qu'une partie des bénéfices et en constituant des réserves destinées à parer à toutes les éventualités.

## DEUXIÈME PARTIE

## LES FINANCES DE L'ÉTAT

### I. — Théorie de l'impôt.

*Définition de l'impôt.* — Sous l'ancien régime, l'impôt était destiné à satisfaire non seulement à des besoins réels, mais encore aux fantaisies et aux prodigalités des rois et des classes privilégiées. Le travailleur était *taillable et corvéable à merci* ; la science fiscale consistait simplement à lui prendre tout ce qui ne lui était pas absolument indispensable.

Selon le droit moderne, les citoyens confient à l'un ou à plusieurs d'entre eux la mission de protéger leur liberté, leurs propriétés, de gérer les affaires d'intérêt général. *Chacun doit payer à l'Etat en proportion des services qu'il en reçoit.*

*Quotité de l'impôt.* — Autrefois l'impôt n'avait d'autre limite que la puissance de production du travailleur. *On lui faisait rendre tout ce qu'il pouvait donner.*

Aujourd'hui, la question est moins simple. La quotité de l'impôt dépend de l'importance des attributions qu'on assigne à l'État.

Obligé de recourir à un grand nombre de fonctionnaires dont la responsabilité individuelle n'est pas en jeu, l'État fait généralement un très mauvais emploi des deniers publics. « L'impôt, dit Michel Chevalier, consomme ainsi la substance de l'amélioration populaire. »

On doit donc s'attacher à réduire au strict nécessaire les attributions de l'État, et à ne lui confier que les services dont l'industrie privée ne peut se charger.

Malheureusement, nos gouvernants ont une tendance conti

nuelle à exagérer l'étendue de leurs fonctions, et en cela ils sont secondés par les préjugés du peuple, qui est habitué à tout attendre de l'administration.

*Répartition de l'impôt.* — Pour grossir leurs recettes, les gouvernements ont de tout temps cherché à atteindre le capital et le travail dans leurs manifestations les plus variées.

Avant 1789, il y avait des impôts sur toutes choses, sur tous les actes de la vie. Les taxes étaient devenues si compliquées, que les recettes nettes atteignaient à peine 30 0/0 des sommes acquittées par les contribuables.

Un grand nombre de droits odieux ont disparu en même temps que la féodalité. Mais le fisc atteint encore, sous diverses formes, le capital, le revenu, le travail, les consommations.

Pour l'établissement de ces diverses taxes, la science fiscale se préoccupe d'ailleurs assez peu de la question d'équité. Elle s'attache seulement à frapper les contribuables sans provoquer de réclamations.

## II. — Impôts actuels.

*Impôt foncier.* — L'impôt foncier est très inégalement réparti. On estime que, pour certaines propriétés, il ne dépasse pas 2 0/0 du revenu, tandis que, pour d'autres, il atteint 20 0/0. On ne tient d'ailleurs pas compte, dans la fixation de l'impôt foncier, des créances hypothécaires. Il en résulte que, pour certains propriétaires obérés, les charges dépassent le revenu net.

*Portes et fenêtres.* — L'impôt des portes et fenêtres frappe indistinctement toutes les ouvertures des habitations riches ou pauvres d'une même commune. Pour y échapper, les habitations des campagnes se privent de lumière et d'air.

*Contribution personnelle et mobilière.* — La contribution personnelle est uniforme dans chaque commune.

La contribution mobilière est basée sur le loyer. Elle frappe une seconde fois le revenu foncier.

*Patentes.* — La contribution des patentes est fixée d'après la nature du commerce ou de l'industrie, la population des villes et la valeur locative des bâtiments occupés. C'est un impôt sur le travail.

*Enregistrement et hypothèques.* — L'enregistrement cherche à atteindre tous les mouvements de capitaux.

Dans les transmissions par voie de succession et de donation, l'État s'empare d'une partie de la valeur léguée. C'est une atteinte au droit d'hérédité ; mais, au point de vue économique, il faut reconnaître que l'impôt sur les successions ne pèse que très indirectement sur la production.

L'impôt sur les transmissions à titre onéreux est dix fois plus lourd pour la propriété foncière que pour la propriété mobilière. Cette inégalité n'est guère justifiable.

Les droits d'enregistrement sur les emprunts hypothécaires et sur les baux sont des charges sérieuses pour l'industrie et pour l'agriculture.

*Timbre.* — L'impôt du timbre n'est pas assez élevé pour entraver les transactions.

Les droits de timbre sur les journaux et imprimés paraissent définitivement condamnés.

*Impôts sur les boissons et sur le sel.* — L'impôt sur les boissons est le plus impopulaire de tous. Il est réparti très inégalement et contre toute règle d'équité. Tandis que, y compris les droits d'octroi, les gros vins du Midi, rendus à Paris, payent 300 0/0 de leur valeur, les vins fins payent à peine 4 0/0.

L'impôt sur le sel est de 10 centimes par kilogramme, soit 50 0/0.

Nous n'insisterons pas sur les vices des impôts des boissons et du sel. Tout a été dit à ce sujet. Les hommes d'État eux-mêmes ne leur reconnaissent qu'un avantage, c'est d'être payés en détail par les consommateurs, qui ne s'aperçoivent pas de leur énormité.

*Droits de douanes, droits sur les sucres, droits divers.* — Les droits de douanes rentrent dans la catégorie des impôts de consommation. Ils ont pour effet d'accroître la valeur des marchandises au détriment des consommateurs. Mais, réduits comme ils le sont aujourd'hui, ils semblent pouvoir être tolérés.

On peut en dire autant des droits sur les sucres, qui, jusqu'à certain point, peuvent être considérés comme atteignant principalement les classes aisées.

Les autres droits perçus par l'administration des Contributions indirectes ont relativement peu d'importance.

*Monopoles exploités par l'État.* — Les monopoles au profit du fisc peuvent être justifiés lorsqu'ils ne s'appliquent pas à des objets de première nécessité.

Les droits considérables qui frappent le tabac, la poudre, etc., ne sauraient être remplacés par des impôts plus équitables.

*Revenus divers.* — Nous classons sous ce titre les produits des postes, des télégraphes, des forêts, des prisons, les revenus de l'Algérie, les retenues affectées au service des pensions, etc.

*Produit des impôts en 1869.* — Pendant les dernières années de l'empire, les impôts ont atteint les chiffres ci-après :

| | Millions. |
|---|---|
| Impôt foncier | 170 |
| Contribution personnelle et mobilière | 55 |
| Portes et fenêtres | 40 |
| Patentes | 65 |
| Enregistrement | 350 |
| Timbre | 85 |
| Boissons et sel | 265 |
| Droits de douanes, etc. | 245 |
| Monopoles exploités par l'État | 260 |
| Revenus divers | 245 |
| TOTAL | 1.780 (1) |

## III. — Projets de réformes.

*Incidence des Impôts.* — Lorsqu'on passe en revue les divers impôts, on reconnaît qu'ils se ramènent généralement à des taxes de consommation.

L'impôt foncier entre dans les frais de production des denrées agricoles et en augmente le prix. L'impôt sur les

---

(1) Le montant des impôts s'élève aujourd'hui à près de 3 milliards.

portes et fenêtres est à la charge des locataires. Les industriels et les commerçants sont obligés d'élever le prix des marchandises pour se couvrir de la taxe des patentes.

L'impôt sur les successions est peut-être le seul qui ne retombe pas plus ou moins directement sur les consommateurs.

Remarquons d'ailleurs que les impôts portent principalement sur les objets de première nécessité. Il en résulte qu'en définitive, tous les consommateurs, riches ou pauvres, sont à peu près également atteints.

Loin de s'apitoyer, des hommes d'État s'applaudissent de ce résultat.

« Comme la misère et l'ignorance sont fortement enracinées, les artifices qui dérobent à la plupart des citoyens le chiffre exact des taxes qu'ils acquittent ne cesseront pas de longtemps d'être licites... »

C'est M. de Parieu, l'économiste financier de l'empire, qui s'exprime ainsi. Au fond, c'est la vieille maxime de la fiscalité féodale : *Plumer sa poule sans la faire crier.*

Les théoriciens économistes ne sont pas d'aussi bonne composition que les hommes d'État. Résumant les opinions d'Adam Smith et de J.-B. Say, M. J. Garnier reconnaît que le principe de la proportionnalité appliqué aux impôts actuels aboutit à une *monstrueuse inégalité*.

Est-il possible d'arriver à une plus juste répartition de l'impôt ?

De nombreux projets de réformes ont été étudiés. Nous les examinerons rapidement.

*Impôt progressif.* — Proudhon a attaqué vigoureusement le principe de la progressivité.

« L'impôt progressif, suivant lui, se résout, quoi qu'on fasse, en une confiscation, à moins que ce ne soit, pour le peuple, une mystification. »

A l'appui de cette thèse, Proudhon imagine deux progressions, l'une extrêmement lente et l'autre très rapide. Dans le premier cas, l'amélioration, pour le pauvre, est insignifiante. Dans le second cas, l'impôt atteint rapidement un taux exorbitant.

S'il l'avait voulu, Proudhon aurait facilement trouvé la formule d'une progression s'élevant d'une manière continue avec le revenu, sans jamais atteindre un maximum donné.

Nous opposerons à Proudhon un économiste ultra-conservateur, Léon Faucher, qui admet la progressivité dans certaines limites :

« Mais les taxes qui ne frappent le revenu que pour atteindre la consommation, devraient être progressives. Il paraît équitable que celui qui, grâce à ses talents, à ses biens-fonds ou à ses capitaux, se donne et procure aux siens toutes les jouissances de luxe, paye à l'État un tribut proportionnellement plus considérable que celui qui n'a que le produit du travail quotidien pour nourrir et pour élever sa famille. »

A Paris, on applique le principe de la progressivité à l'impôt mobilier, et bien que la progression présente des échelons qui rendent la répartition très vicieuse, le principe est parfaitement accepté.

Mais, si la progressivité nous paraît juste en théorie, nous croyons que le moment serait mal choisi pour essayer de l'appliquer d'une manière générale.

On sait avec quelle facilité les intérêts s'alarment aux époques de révolutions. Les adversaires des institutions républicaines ne manqueraient pas de critiquer le principe de la progressivité comme une mesure communiste, et il deviendrait très difficile de rassurer la bourgeoisie à cet égard.

*Impôt unique sur le capital.* — M. de Girardin propose de remplacer tous les impôts par un impôt unique sur le capital mobilier et immobilier.

On reproche à ce système de taxer uniformément tous les capitaux, sans avoir égard aux revenus plus ou moins élevés qu'ils produisent. Cette objection ne nous paraît pas fondée. Le capital laissé improductif n'a pas moins besoin de la protection de l'État que le capital productif, et on ne voit pas pourquoi il payerait moins.

Mais les capitalistes, propriétaires, cultivateurs, industriels, commerçants, feront toujours entrer l'impôt dans les prix de revient de leurs produits, et la charge retombera comme aujourd'hui sur le consommateur.

Le système si radical en apparence de M. de Girardin n'améliorerait donc pas sérieusement la situation des classes laborieuses.

En 1850, 1851 et 1869, MM. Pelletier, Sauteyra et Laroche-Joubert ont présenté des projets de loi rentrant dans le système de M. de Girardin.

*Impôt sur les valeurs mobilières* — En 1848, M. Goudchaux avait proposé un impôt de 3 0/0 sur le revenu mobilier ; il en évaluait le produit à 60 millions.

Jusqu'à ces derniers temps, on n'était plus revenu sur la question. Mais deux nouveaux projets d'impôts sur les valeurs mobilières ont été récemment présentés par M. Cochery et par M. du Miral.

Il est bien certain que l'exemption d'impôts dont ont joui jusqu'ici les valeurs mobilières, est peu justifiable.

Les adversaires des impôts sur les valeurs mobilières font valoir que la plupart de ces valeurs ont été créées en vertu de contrats passés avec l'État, et que les frapper d'un impôt, ce serait toucher à ces contrats. L'objection serait fondée si les dépenses de l'État n'étaient pas toujours allées en croissant depuis la création des valeurs mobilières. Les porteurs de valeurs mobilières ne sont-ils pas responsables, au même titre que les autres contribuables, des folles entreprises du gouvernement ?

*Impôt sur le revenu.* — En 1849, M. H. Passy avait remplacé le projet d'impôt sur les valeurs mobilières de M. Goudchaux par un projet d'impôt sur tous les revenus mobiliers ou immobiliers. L'impôt, fixé à 1 0/0, devait produire 60 millions. C'était une nouvelle charge pour la propriété foncière. Le projet fut retiré par M. Fould.

Dans la dernière session, M. Haentjens a proposé d'établir un impôt de 2 0/0 sur tout revenu dépassant 1,200 francs ; il évalue le produit de cet impôt à 200 millions. Le produit de la nouvelle taxe serait employé, jusqu'à concurrence de 25 0/0, au dégrèvement des quatre contributions directes, et pour 75 0/0 à la diminution des impôts de consommation.

*Impôt sur la rente foncière.* — Après avoir critiqué tous les systèmes d'impôts, Proudhon a dû produire le sien.

Il fixe d'abord un maximum de dépenses qu'il porte au vingtième du revenu brut annuel total évalué à 10 milliards, soit 500 millions.

Proudhon ne dit pas comment il arrive à ce chiffre de 500 millions. Nous ne voyons pas bien par quel procédé, après avoir racheté les chemins de fer et d'autres monopoles, en portant ainsi la dette annuelle à plus de 1 milliard, on peut réduire le budget des dépenses à 500 millions. Mais nous passons sur ce point.

Voici comment Proudhon fait face à sa dépense de 500 millions.

|  | Millions. |
|---|---|
| Impôt de 1/6 sur la rente foncière, évaluée à 1,800 millions | 300 |
| Chemins de fer, banques, postes, télégraphes, etc. | 100 |
| Impôts de consommation, enregistrement, timbre, etc. | 100 |
| Total | 500 |

La recette de 500 millions peut être insuffisante; Proudhon tranche très simplement cette difficulté en portant l'impôt sur la rente foncière à 1/3, 1/2, 3/4, etc.

Que le gouvernement républicain laisse entrevoir de pareilles idées, que les paysans aient un instant la crainte de se voir enlever plus de la moitié de leur revenu, et avant peu nous aurons une nouvelle monarchie.

*Inconvénients politiques des remaniements d'impôts*. — Tout remaniement d'impôts présente de graves inconvénients au point de vue politique, surtout aux époques de révolution, lorsque les intérêts sont alarmés. « Autant, dit M. H. Passy, les populations applaudissent à l'abolition de chacune des contributions qu'elles ont à payer, autant elles sont disposées à se courroucer contre toute contribution nouvelle. »

Un nouveau gouvernement doit donc être très sobre d'innovations en matière d'impôts. Il ne peut, sans compromettre son existence, proposer autre chose que des dégrèvements ou des mesures atteignant seulement un nombre très restreint de privilégiés.

En 1848, M. Garnier-Pagès a tué la République avec l'impôt des 45 centimes. C'était un acte honnête, mais complètement impolitique.

### IV. — **Attributions de l'État**.

*Principes fondamentaux*. — Réduction poussée aussi loin que possible des attributions de l'État, substitution de l'initiative individuelle à l'action léthifère de l'administration : telles sont les bases fondamentales d'une bonne organisation.

Pas de liberté, pas de progrès possible avec une centralisation qui tient le citoyen sous une tutelle énervante.

Pas d'allègement sérieux dans les charges qui pèsent sur les classes laborieuses, si on n'élague du budget toutes les dépenses improductives.

Nous avons devant nous deux exemples d'institutions républicaines, les États-Unis et la Suisse. C'est là qu'il faut chercher les bases de notre régénération.

*Pouvoir central*. — Un ministre principal, choisi par l'Assemblée nationale, et toujours révocable, tel est évidemment le seul système qui puisse nous mettre à l'abri de nouvelles entreprises monarchiques.

*Intérieur*. — Les départements et les communes, complètement émancipés, géreront leurs affaires en dehors de toute intervention du pouvoir central.

*Justice*. — L'organisation judiciaire exige des réformes radicales. On devra surtout étendre beaucoup les attributions du jury.

*Cultes*. — Toute immixtion de l'État dans les questions religieuses est une cause de troubles et une atteinte à la liberté des cultes.

En principe, les dépenses des cultes devraient être exclusivement supportées par des associations volontaires.

Mais, pour éviter de choquer des préjugés fortement enracinés, il vaudra peut-être mieux autoriser les communes à pourvoir aux besoins du culte. Les dépenses pourront être prélevées sur le produit des impôts dont l'État fera l'abandon.

*Affaires étrangères.* — Notre diplomatie a fait ses preuves à Berlin.

Contentons-nous d'agents consulaires modestement rétribués, et choisis, autant que possible, parmi les plus honorables industriels des villes étrangères. Nos nationaux seront ainsi beaucoup plus efficacement protégés.

*Guerre et marine.* — L'affreuse expérience que nous avons faite aura au moins eu pour résultat de nous convaincre de l'impuissance d'une armée permanente chez une nation profondément démocratique.

Nous sommes forcément amenés à adopter le système des cantons suisses, où tous les citoyens reçoivent l'instruction militaire et sont appelés aux armes lorsque la patrie est menacée.

*Instruction publique.* — L'instruction gratuite à tous les degrés, l'instruction primaire laïque et obligatoire: tous les républicains sont d'accord sur ces deux points.

*Travaux publics.* — Liberté absolue pour les entreprises d'intérêt général, tel est le seul moyen de soustraire le public à l'omnipotence des grandes compagnies.

*Sciences, lettres, arts, agriculture, industrie, commerce.* — Dans toutes les questions qui touchent au développement intellectuel ou matériel d'une nation, l'action énervante de l'administration ne peut avoir d'autre résultat que d'entraver la marche du progrès.

*Organisation des ministères.* — Ainsi réduites, les attributions de l'État peuvent être réparties entre cinq ministères, savoir :

1° Ministère principal, justice, affaires étrangères, intérieur ;

2° Guerre et marine;

3° Instruction publique, lettres, sciences et arts;

4° Travaux publics, agriculture, industrie et commerce ;

5° Finances.

## V. — Budget des dépenses.

Millions.

*Ministère principal, justice, affaires étrangères, intérieur.* — Indemnités des députés et du ministre principal . . . . . . . . . . . . . . . . . . . . 6
Justice, comme en 1869 . . . . . . . . . . . . . 33
Pour ses affaires étrangères, la Suisse, qui est très bien représentée à l'extérieur, dépense 200,000 francs. Nous portons cinq fois plus . . . . . . . . . . 1
Du budget de l'intérieur, nous retranchons ce qui concerne les préfectures, sous-préfectures et la police; nous reportons au ministère des finances les dépenses des télégraphes; il reste. . . . . . . . . . . . . 30

    Total des dépenses du ministère principal. 70

*Guerre et marine.* — La Suisse dépense 6,508,000 francs pour une armée de 200,000 hommes.
Pour 2 millions d'hommes pouvant prendre part efficacement à la défense du pays, nous dépenserions. 65
Pour avoir toujours un armement aussi perfectionné que possible, nous fabriquerions annuellement 200,000 fusils et 1,000 canons, soit une dépense de . . . . 25
Construction de camps retranchés . . . . . . . 15
Algérie, comme en 1869 . . . . . . . . . . . . 15
Marine, comme aux États-Unis. . . . . . . . . 30

    Total des dépenses de la guerre et de la marine. . 150

*Instruction publique, lettres, sciences et arts.* — Nous doublons le chiffre porté au budget de 1869. . 50

*Travaux publics, agriculture, commerce et industrie.* — Nous maintenons les prévisions du budget des travaux publics de 1870, y compris les travaux extraordinaires . . . . . . . . . . . . . . . . . . . 115

Les économies qu'il sera possible de réaliser sur certains chapitres, permettront de faire face aux dépenses des relevés statistiques concernant l'agriculture, le commerce et l'industrie.

*Finances.* — Pour la dette publique et la dette viagère, nous prenons les chiffres du budget de 1869, en y ajoutant 30 millions pour pensions à payer aux fonctionnaires supprimés . . . . . . . . . . . . . . . . 500

Cette somme ne comprend pas les intérêts des emprunts représentant les frais de la dernière guerre, et qui atteindront. . . . . . . . . . . . . . . . . . . . 500

Comme nous le dirons plus loin, nous proposons de supprimer les contributions directes ainsi que les droits sur les boissons et sur le sel. Il en résultera, dans les frais de perception des impôts, une économie de 45 millions, qui sera réduite à 35 millions par suite de l'adjonction de l'administration des télégraphes au ministère des finances. Le montant des dépenses de trésorerie, de perception et d'exploitation des impôts et revenus publics sera ainsi ramené à. . . . . . . 230

La caisse d'amortissement était une fiction ridicule sous un gouvernement qui ne pouvait faire face à ses dépenses sans recourir chaque année à de nouveaux emprunts. Nous la supprimons pour reporter au budget du ministère des finances les garanties d'intérêt à payer aux compagnies de chemins de fer, les annuités diverses et les achats de rentes pour la caisse de retraite de la vieillesse montant ensemble à. . . 55

Total des dépenses du ministère de finances . . . 1285

*Dépense totale.* — En résumé, les dépenses indispensables peuvent être évaluées comme il suit :
1° Ministère principal, justice, affaires étrangères, intérieur. . . . . . . . . . . . . . . . . . . . . 70
2° Guerre et marine. . . . . . . . . . . . . . . . . . 150
3° Instruction publique, sciences, lettres et arts. . . 50
4° Travaux publics, agriculture, commerce et industrie. 115
5° Finances . . . . . . . . . . . . . . . . . . . . 1285

Montant général du budget des dépenses . . . 1670

## VI. — Budget des recettes.

*Impôts directs.* — Nous avons vu plus haut combien les quatre contributions directes sont peu équitablement réparties.

Leur suppression nous paraît nécessaire pour intéresser au maintien de la République les 10 millions de contribuables qu'elles frappent.

|  | Millions |
|---|---|
| *Enregistrement et hypothèques.* — Nous maintenons la recette des droits d'enregistrement et d'hypothèques à . . . . . . . . . . . . . . . . . . | 350 |

Nous pensons cependant qu'il y aura lieu de répartir plus également les charges entre la propriété foncière et les valeurs mobilières.

*Timbre.* — La suppression des droits sur les journaux et sur certaines catégories de transactions pourra amener dans les produits du timbre une réduction de 15 millions ; il restera . . . . . . . . . . 70

*Boissons et sels.* — La suppression de l'impôt des boissons est aussi vivement réclamée par une partie des habitants des campagnes que par les ouvriers des villes. Ce sera une mesure très populaire.

Il en est de même de l'impôt du sel.

*Droits de douanes, etc.* — Les droits de douanes, les droits sur les sucres, les droits divers perçus par l'administration des Contributions indirectes seront intégralement maintenus . . . . . . . . . 245

*Monopoles de l'Etat.* — Il est également impossible d'apporter aucun changement aux droits perçus, sous forme de monopole, et qui rapportent. . . . . . . 260

*Revenus divers.* — Pour les revenus divers, nous portons le chiffre normal de. . . . . . . . . . 245

Mais nous ferons remarquer que, dans les années qui vont suivre, ce chiffre devra très vraisemblablement être augmenté dans une forte proportion, au moyen d'aliénation d'immeubles, pour faire face aux déficits qui se produiront sur les autres chapitres.

| | Millions |
|---|---|
| *Recettes totales.* — Enregistrement et hypothèques. | 350 |
| Timbre | 70 |
| Douanes, etc. | 245 |
| Monopoles exploités par l'Etat | 260 |
| Revenus divers | 245 |
| Montant total des recettes | 1170 |

*Situation actuelle (1880).* — Les évaluations ci-dessus datent de 1871 ; il en serait résulté un déficit de 500 millions, chiffre représentant les charges annuelles dues à la dernière guerre. Nous proposions alors d'établir un impôt spécial sur le capital pour couvrir ces charges.

Le produit des impôts s'élève actuellement à près de 3 milliards. Si on avait maintenu les dépenses dans les limites que nous indiquons, on aurait un excédent de plus de 1,200 millions.

L'impôt foncier, les impôts sur les boissons et sur le sel, dont nous demandions la suppression, ne donnent qu'un produit de beaucoup inférieur à cet excédent. Les mesures que nous proposions sont donc encore aujourd'hui facilement réalisables.

# RÉSUMÉ

*Principes de la science gouvernementale.* — L'État gére très mal les affaires qui lui sont confiées. En affaiblissant le ressort de l'initiative individuelle, l'intervention administrative exerce d'ailleurs une influence funeste sur les destinées d'une nation.

Réduire les attributions de l'État au strict nécessaire, laisser au département, à la commune, au citoyen, la plus grande liberté possible, tels sont les vrais principes de la science gouvernementale.

*La question sociale.* — C'est surtout dans les rapports si délicats du capital et du travail qu'il faut éviter de faire intervenir l'État.

Sous un régime de liberté, la répartition des produits s'opérera naturellement d'une manière équitable. Ce qu'il faut chercher, c'est le moyen d'augmenter la production.

A ce point de vue, le salariat, qui supprime la responsabilité individuelle, est un mode de rémunération vicieux. Les coalitions, les grèves ne peuvent améliorer en rien la situation des classes laborieuses.

Malgré de nombreuses causes d'insuccès, beaucoup d'associations ouvrières ont pu prospérer. Il y a évidemment là un principe fécond.

Les banques populaires peuvent aussi, dans une certaine mesure, répondre aux aspirations des travailleurs.

Mais l'industrie moderne exige des capitaux de plus en plus considérables, et c'est surtout de l'association du capital et du travail qu'on peut attendre la solution du problème social.

Nous avons passé en revue les divers systèmes de socialisme autoritaire. Le vice radical de tous ces systèmes, c'est d'amoindrir la liberté individuelle. Mais qu'on ne commette pas la faute d'étouffer les doctrines communistes! La persécution a toujours été leur principal élément de vitalité.

*Le budget.* — Rallier les campagnes à la République en réduisant les charges qui pèsent sur la propriété foncière ; améliorer la situation des ouvriers en supprimant les impôts de consommation : tel est le problème dont la solution devient si difficile en présence d'une situation horriblement obérée.

En apportant à nos institutions les réformes que commande la situation, on parviendra à réduire le budget de 800 millions.

On atteindra ainsi un double but. Échappant à l'action énervante de l'administration, la nation reprendra sa virilité. Exonérés de l'impôt du sang et des charges qui leur sont le plus odieuses, dix millions de travailleurs se rattacheront d'une manière définitive au principe républicain.

## POST-SCRIPTUM

*(Mai 1880.)*

Il y a dix ans que la première édition de cet opuscule a paru. Aujourd'hui la République paraît solidement établie ; mais aucun revirement n'est-il à craindre dans l'esprit des populations ?

Les agitations stériles des socialistes, qui recommencent, ne vont-elles pas effrayer la bourgeoisie ?

Le pays pourra-t-il supporter longtemps les charges énormes de budgets toujours grossissants ?

Nos législateurs ont pris à tâche de justifier les paroles de madame de Stael :

*Il y aura des révolutions en France tant que les Français n'auront pas tous des places.*

L'Empire nous avait légué un budget de deux milliards et demi, y compris les 500 millions de rente des emprunts de la dernière guerre. Au lieu de diminuer ce budget de 800 millions, comme nous le demandions, on l'a augmenté de près de 500 millions.

N'est-il pas temps de s'arrêter sur cette pente fatale et

de consolider définitivement la République en réduisant nos charges militaires et fiscales dans des proportions considérables?

Il serait sans doute dangereux de supprimer notre armée permanente d'un seul coup. Mais pourquoi ne pas essayer de la réduire progressivement d'un dixième chaque année? N'est-il pas certain que nous amènerions les autres puissances à suivre notre exemple?

Pourquoi, sur les autres chapitres du budget, ne pas procéder également par réductions graduelles?

Tant que les républicains ne seront pas entrés résolument dans cette voie nouvelle, et n'auront pas ainsi intéressé tous les travailleurs à son maintien, la République restera à la merci des mauvaises récoltes, des crises commerciales, des événements de toute nature.

J. L.

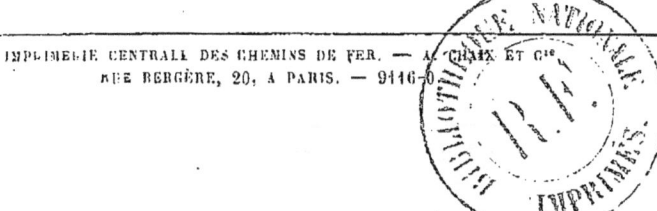

IMPRIMERIE CENTRALE DES CHEMINS DE FER. — A. CHAIX ET Cie
RUE BERGÈRE, 20, A PARIS. — 9116-0

www.ingramcontent.com/pod-product-compliance
Lightning Source LLC
Chambersburg PA
CBHW060909050426
42453CB00010B/1621